AF221005

978-3-7358-8058-1

VORWORT

In der Weihnachtszeit erstrahlt die Welt in einem ganz besonderen
Glanz. Lichter leuchten in warmen Farben, funkelnde Schnee-
flocken tanzen durch die Luft und festliche Klänge erfüllen
unsere Herzen. Dieser Adventskalender lädt dich dazu ein, diese
magische Atmosphäre mit deinen Buntstiften zu entdecken.

Beim Ausmalen der Motive wirst du immer wieder versteckte
Überraschungen entdecken. Um dir den Einstieg zu erleichtern,
findest du auf den ersten Seiten einen Grundlagenteil.
Hier gibt es eine Einführung zur Farbenlehre und Farbwirkung,
hilfreiche Tipps zum Umgang mit verschiedenen Materialien
und spezielle Hinweise zum Malen auf Zauberpapier.
So kannst du dich voll und ganz auf das Ausmalen einlassen
und dich vom weihnachtlichen Zauber begeistern lassen.

Nimm deine Stifte zur Hand und
erlebe eine wundervolle Weihnachtszeit!

MATERIAL
FARBSTIFTE

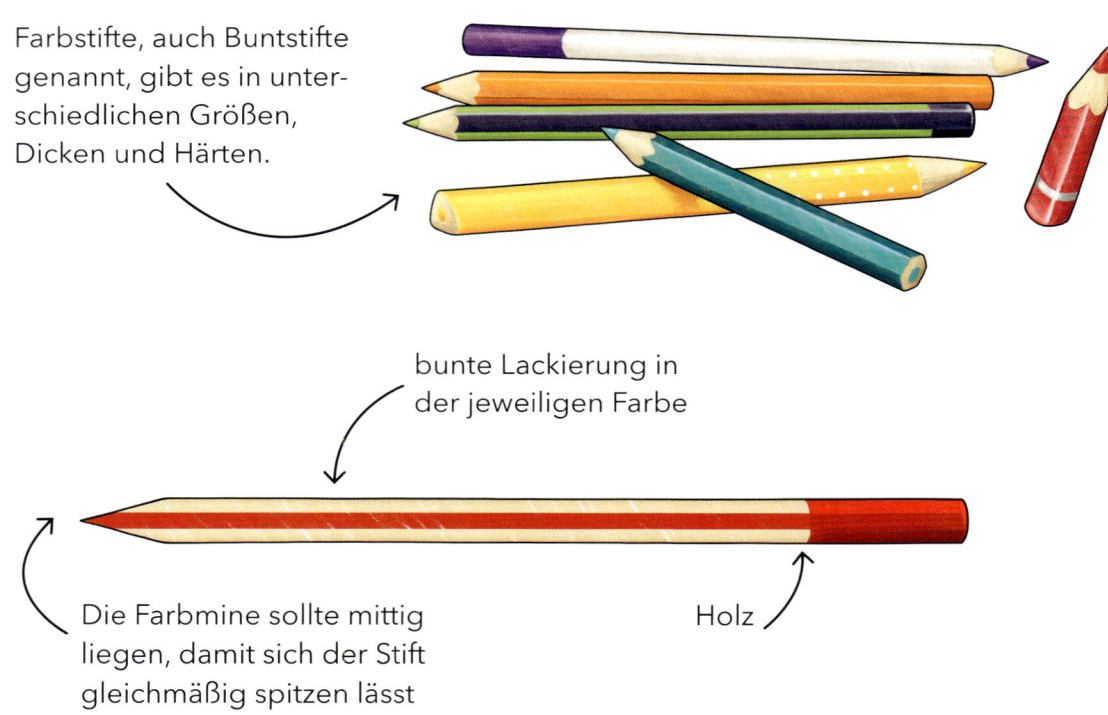

Farbstifte, auch Buntstifte genannt, gibt es in unterschiedlichen Größen, Dicken und Härten.

bunte Lackierung in der jeweiligen Farbe

Die Farbmine sollte mittig liegen, damit sich der Stift gleichmäßig spitzen lässt

Holz

Die Pigmente, aus denen die Farbmine hergestellt wird, werden aus Tonerde, Metallen, Pflanzen, Gestein oder synthetisch gewonnen.

Mit Fett, Ton, Wachs, Talkum und verschiedenen Bindemitteln vermischt, wird die Masse anschließend gepresst und getrocknet.

AUSMALEN AUF ZAUBERPAPIER

Beim Ausmalen wirst du bemerken, dass innerhalb der Linien weitere Motive und Muster erscheinen, die auf den ersten Blick nicht sichtbar waren. Möglich macht das ein besonderer Lack. Für diesen Effekt eignen sich am besten Farbstifte. Filzstifte und Aquarellfarben verschmieren, bzw. haften nicht.

Achtung! Radiergummis schädigen den Zauberlack und radieren die Geheimnisse weg.

Auch im Hintergrund verstecken sich auf einigen Seiten Überraschungen. Es lohnt sich also, den Hintergrund ebenfalls auszumalen.

KRÄFTIG & ZART

FLACHER WINKEL

Bei einem flachen Winkel ist weniger Druck möglich. Die Farbe ist heller.

STEILER WINKEL

Bei einem steilen Winkel kann mehr Druck ausgeübt werden. Die Farbe wird kräftiger.

Mit zunehmendem Druck wird die Farbe kräftiger.

    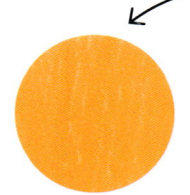

Wenn du mit sanftem Druck mehrere Schichten übereinander malst, erhältst du mehr Tiefe.

TIPP: Je weiter vorne du den Stift hältst, desto leichter kannst du feine Details malen.

VON TRANSPARENT BIS DECKEND

Trage die Farbe anfangs transparent auf.

Mit einer harten Mine gelingen auch kleine Details.

Schicht für Schicht gewinnt die Farbe an Intensität.

Mit weichen Minen gelingt ein gleichmäßiger Farbauftrag, dafür werden sie schnell stumpf.

Zum Nachziehen von Konturen sind Stifte mit harter Mine ideal.

FARBEN ÜBEREINANDERLEGEN

Die Farben ver-
schmelzen nie
komplett mitein-
ander. Das macht
es lebendig.

Zart

Kräftig

Erst Gelb,
dann Blau

Mit leichten,
kreisenden
Bewegungen
werden Über-
gänge sanfter
und harmonisch.

Zart

Kräftig

Erst Blau,
dann Gelb

Arbeite am besten von hell (sanft) nach dunkel (kräftig).

MOTIVE AUSARBEITEN

Du hast beim Ausmalen neue Muster und Motive entdeckt, aber die Farbe passt nicht richtig?

Dann probier es mal so:

1. Mit ganz wenig Druck und zartem Auftrag die verborgenen Teile des Motivs enttarnen.

2. Wenn du die geheimen Konturen gefunden hast, kannst du mit der gewünschten Farbe weiterarbeiten.

 TIPP: Starte mit hellen Farbtönen und füge Schicht für Schicht dunklere Farben hinzu.

PRIMÄR- UND SEKUNDÄRFARBEN

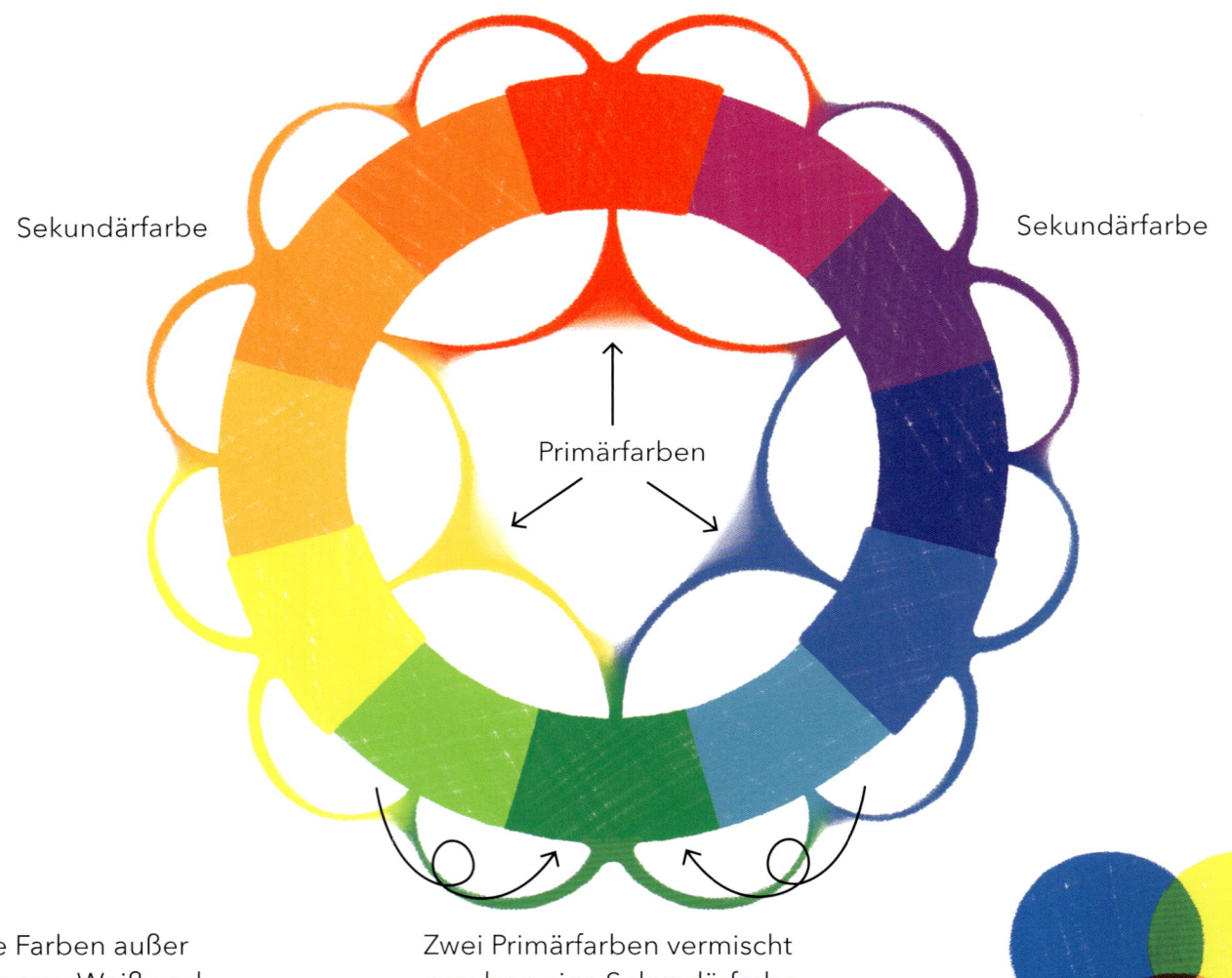

Sekundärfarbe

Sekundärfarbe

Primärfarben

Alle Farben außer Schwarz, Weiß und Erdtöne lassen sich aus den Primärfarben mischen.

Zwei Primärfarben vermischt ergeben eine Sekundärfarbe.

Alle drei Primärfarben vermischt ergeben ein dunkles Braun.

KOMPLEMENTÄRFARBEN

Farben, die sich im Farbkreis gegenüberstehen, nennt man Komplementärfarben.

TIPP: Direkt nebeneinander ergeben Komplementärfarben einen Farbkontrast. Das wirkt z.B. belebend.

Der Komplementärkontrast ist der stärkste Farbkontrast.

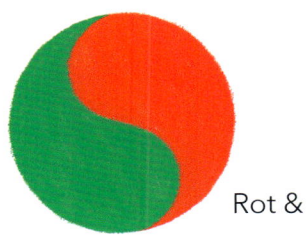 Rot & Grün

 Gelb & Lila

 Orange & Blau

TIPP: Für ein harmonisches Bild mischst du die Farben am besten im Verhältnis 1:3.

WARME & KALTE FARBEN

Warm

Kalte Farben
wirken ruhig
und distanziert.

Warme Farben
wirken lebendig
und anregend.

Kalt

Kalte Farben lassen sich „aufwärmen".

kalte Farbe auftragen

warme Farbe leicht
darüber arbeiten

Ebenso lassen sich warme Farben „abkühlen".

warme Farbe auftragen

kalte Farbe leicht
darüber arbeiten

Die linke Blume wurde mit kalten Farben ausgemalt. Kalte Farben wirken auf uns distanziert, das
Bild weicht vor uns zurück.

Die rechte Blume wurde mit warmen Farben
ausgemalt. Diese Farben vermitteln Wärme
und Lebendigkeit.

Weiß

Zweige

Jahr

schönste Fest

Ereignisse

Stunden

Nacht

heiligen Abend

Kinder

Traum

Weihnachtsbaum

Liebeläutend

Kerzenhelle
Wälderduft
Weihnachtszeit

Weihnachten
Herzen

Jahr

Weihnacht

Stern
Reise.

Himmelszelt

Welt

Markt

Haus

Gassen

festlich

Stille

Dinge

Traum

Weihnachtsbaum

Licht

Kugeln

~ Unbekannt

Himmel

Stern

Tannenwalde
Düfte

Winterlüfte

Nacht

~Theodor Storm

Knecht
Ruprecht
Winter

Schnees Mitten

Schlittenglöckleins
~Theodor Fontane

Wege

Schlitten

Advent

Schnee

Reh

Kräuter

Frost

Weihnachtsrose

Weihnachtsbäume
Wald
Träumen

Laternenschein

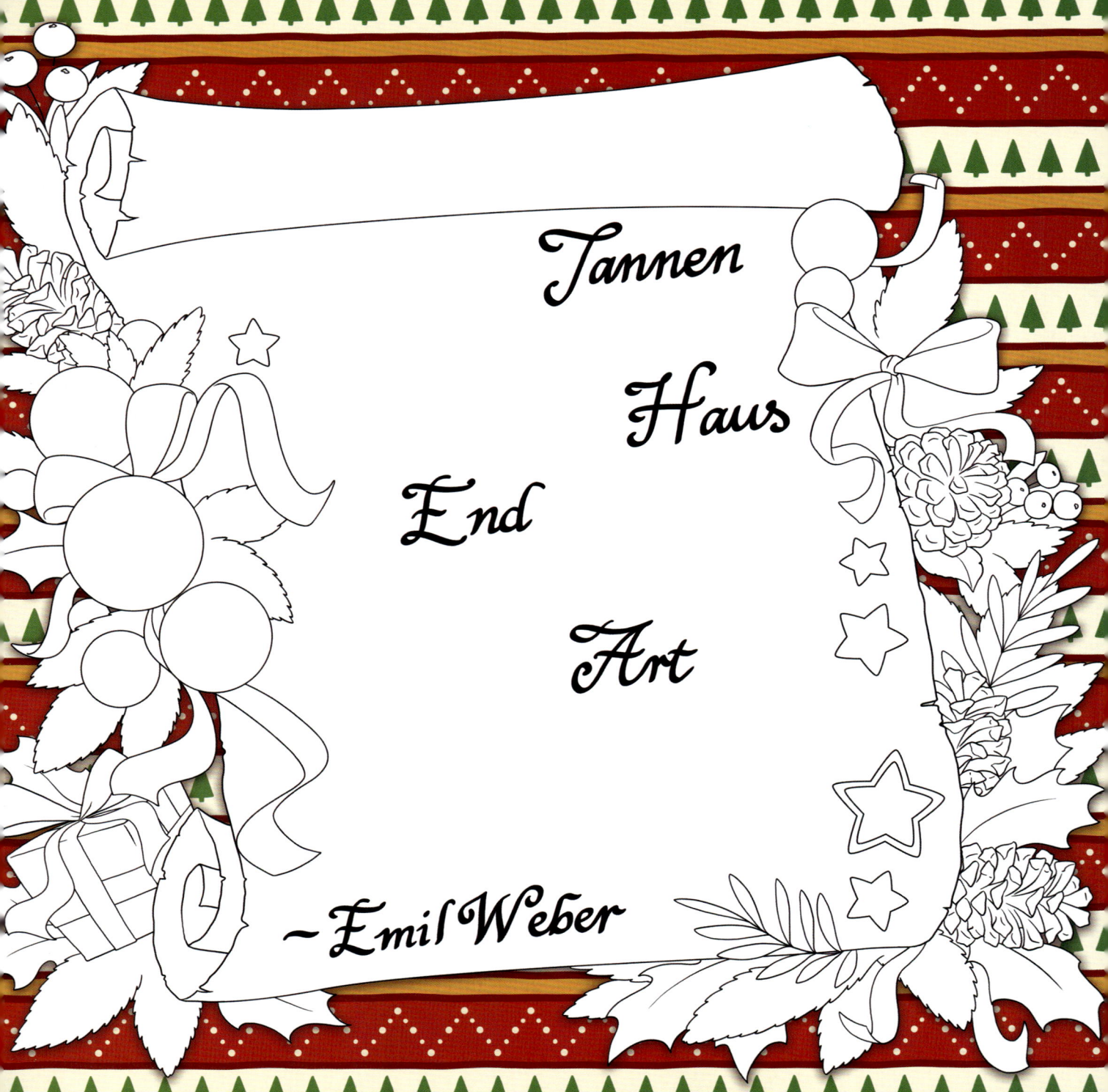

Tannen

Haus

End

Art

~Emil Weber

Christkind
Winterwald

Schnee

Kind

festliche
Lichter
Weihnachtsbaum

Traum

Leuchten

Weihnachtskerzen
Freude
Herzen.

Fenster

Christbaums Licht

Schimmer

Angesicht.

~Adelheid Humperdinck-Wette

Häuser
Mehl & Honig

Zeit

Tännlein
Walde

Zweigen
Freude

Lichtlein
Kranz

Stunden
~Matthias Claudius

Nacht

Kerzenschein

Tannenbaum

Märchentraum

Winterwalde
Flockenherde

Tanne

lichterheilig

Weihnachtszeit

Fröhlichkeit

~A. H. Hoffmann von Fallersleben

IMPRESSUM

Illustrationen: Natascha Pitz

Produktmanagement und Lektorat: Seline Gwinn

Cover: Eva Hook

Herstellung und Satz: Sophia Höpfner

Druck und Bindung: Drukarnia Interak Sp. z o.o.

1. Auflage 2023

© 2023 frechverlag GmbH, Dieselstr. 5, 70839 Gerlingen,

einem Unternehmen der Penguin Random House Verlagsgruppe GmbH, München

ISBN: 978-3-7358-8058-1 Best.-Nr. 28058

Penguin Random House Verlagsgruppe
FSC® N001967